Miles Kelly

바닷속에는 어떤 식물이 살고 있을까?

왜? 에 답해 주는
어린이 첫 과학책

내가 누군지 궁금하지?

바다 동물이
진짜 신기해!

너도 나처럼 수영을 좋아하니?

매일 한 가지 음식만 먹는다면, 어떤 음식을 먹을래?

고래와 바다코끼리 중에서 누구랑 친구를 하고 싶니?

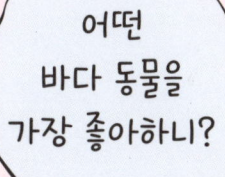

어떤 바다 동물을 가장 좋아하니?

글 카밀라 드 라 베도예르
그림 팀 버전

서울문화사

차례

바다는 얼마나 커요? • 6

물고기가 뭐예요? • 8

신비한 바다 동물의 비밀! • 10

깊은 바닷속에 숲이 있다고요? • 12

바닷속에서 숨바꼭질을 한다고요? • 14

섬에 가면 어떤 동물을 볼 수 있나요? • 16

놀라운 바다 동물 이야기! • 18

누가 진흙 침대에서 잠을 자나요? • 20

바닷물은 왜 들어왔다, 나갔다 해요? • 22

바다 동물에 대한 엉뚱한 상상! • 24

물 위를 걸어 다니는 동물은 누구예요? • 26

주먹이 센 바다 동물은 누구예요? • 28

바다에 괴물도 있어요? • 30

아직도 궁금한 몇 가지 질문! • 32

퀴즈로 다시 보는 바다 동물 • 34
그려 봐요! 나만의 바다 동물 • 36
찾아보기, 교과 연계표 • 37
퀴즈 정답 • 38

바다는 얼마나 커요?

지구의 바다를 크게 다섯 개로
나누어 태평양, 대서양,
인도양, 북극해,
남극해라고 해요.
바다를 모두 합치면 지구의
반절이 넘을 정도로 크지요.

북아메리카

대서양

바다는 커다란 소금물이야. '대양'이라고도 부르고, 다섯 개의 바다를 '오대양'이라고 해.

태평양

남아메리카

문어

해초는 소금물인 바다에 사는 식물이야.

남극해

갈귀해마

바다가 왜 중요해요?

바다는 수십억 종류의 동식물이 살고 있는 곳이에요.
사람들도 바다의 동식물을 다양하게 이용하지요.
그렇기 때문에 바다는 깨끗하고 소중하게 보존해야 해요.

북극해

턱수염바다물범

유럽   아시아

아시아, 유럽, 아프리카 같은 넓은 땅덩어리를 '대륙'이라고 불러. 모든 대륙을 다 합치더라도 거대한 태평양보다 작지!

태평양

아프리카   인도양

상어예요, 고래예요?

나는 고래상어야. 입이 엄청나게 커서 한입에 사람도 꿀꺽할 수 있지만, 물속에 있는 작은 생물인 플랑크톤만 먹어.

오세아니아

바다는 왜 파란색이에요?

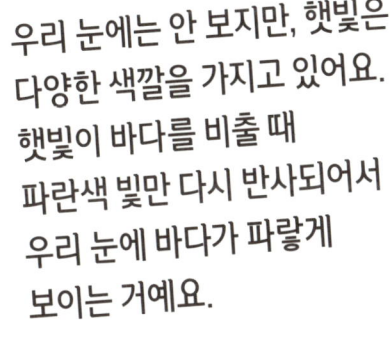

우리 눈에는 안 보이지만, 햇빛은 다양한 색깔을 가지고 있어요. 햇빛이 바다를 비출 때 파란색 빛만 다시 반사되어서 우리 눈에 바다가 파랗게 보이는 거예요.

7

물고기가 뭐예요?

물고기는 뼈대, 아가미, 지느러미를 가지고 있는 동물이에요. 물고기는 엄청 다양해서 그 종류가 32,000개가 넘어요. 그리고 대부분 바다에 살고 있지요.

꼬리에 있는 지느러미를 이리저리 흔들면서 헤엄쳐요.

반질반질하고 미끄러운 *비늘이 있어요.

청어

가늘고 날렵한 몸 덕분에 물속에서 빠르게 움직일 수 있어요.

나는 헤엄치기에 정말 좋은 가늘고 날렵한 몸을 가지고 있어. 반질반질한 은빛 비늘도 있지.

*비늘: 물고기나 뱀 등의 몸을 덮고 있는 얇고 단단하게 생긴 작은 조각.

사람도 물속에서 숨을 쉴 수 있나요?

아니~! 사람은 물속에서 숨을 쉴 수 없어. 사람은 공기 중의 산소를 들이마셔야 숨을 쉴 수 있거든. 우리 물고기들은 물속에서 숨을 쉴 수 있게 해 주는 '아가미'라는 특별한 기관을 가지고 있어.

물과 공기 속에는 '산소'라는 기체가 들어 있어. 모든 동물은 산소가 있어야만 살 수 있지.

산소가 풍부한 물이 입으로 흘러 들어가요.

물속의 산소가 물고기의 피(혈액)에 흡수된 후 남은 물은 아가미로 쏙 빠져나가요.

쥐치복

8

특별한 집이 있는 물고기도 있어요?

흰동가리는 말미잘의 독이 있는 촉수 속에 살아요. 흰동가리의 몸은 끈적끈적한 점액으로 덮여 있는데, 이 점액이 말미잘의 독으로부터 흰동가리를 지켜 주지요. 다른 물고기는 말미잘의 독이 무서워서 흰동가리를 공격하지 못해요.

나는 약 200미터(m)까지 뛰어오를 수 있어.

물고기가 하늘을 날 수 있나요?

아니요~. 하지만 나는 듯이 뛰어오르는 물고기는 있어요. 몸이 매우 날렵한 날치는 큰 지느러미 덕분에 공중으로 휙 뛰어오를 수 있지요.

쉬익!

우리 코가 상어랑 비슷하다고요?

대부분의 물고기 뼈대는 단단한 뼈로 이루어져 있어. 하지만 상어의 뼈대는 모두 부드러운 물렁뼈로 이루어져 있지. 사람의 코와 귀에 있는 뼈도 상어의 뼈처럼 물렁뼈라서, 잘 휘어져.

황소상어

신비한 바다 동물의 비밀!

빨간씬벵이는 먹는 속도가 엄청 빨라요. 진공청소기처럼 입으로 먹이를 훅 빨아들여서 눈 깜빡할 사이에 먹지요. 몸의 빛깔은 노란색, 초록색 등 다양해요.

뼈가 많고 단단한 물고기의 종류인 경골어 중에서 가장 큰 물고기는 **개복치**예요. 개복치는 몸길이가 3미터나 되지요.

전기가오리는 전기로 물고기를 잡아요. 전기 충격으로 물고기를 기절시켜서 잡아먹지요.

문어의 피는 파란색이에요. 피에 '구리'라는 성분이 들어 있기 때문이에요.

바다에 나는 식물인 **해초**는 종종 아이스크림을 걸쭉하게 만드는 데 쓰이기도 해요.

향유고래의 뇌는 지구에서 가장 커요. 사람을 포함한 어떤 동물보다도 크지요. 어쩌면 우주에서 가장 클지도 몰라요!

5억 년 전에는 지구의 모든 동물이 바다에만 살았다는 이야기도 있어.

새끼 물고기는 **'치어'**라고 불러요.

상어의 피부는 *사포처럼 까끌까끌해요. 바닷물을 쉽게 헤엄칠 수 있게 해 주는 울퉁불퉁한 작은 비늘로 온몸이 덮여 있거든요.

난 물고기인 청어보다 포유류인 하마와 비슷해!

*사포: 물체의 거죽을 반들반들하게 문지르는 데에 쓰는 종이.

고래와 돌고래는 물고기 같은 어류가 아니라 포유류예요.

커다란 **백상아리**는 햄버거 3,000개에 들어갈 만큼의 고기를 한꺼번에 먹을 수 있다고 해요. 정말 대단하지요?

북극

북극곰과 **펭귄**은 서로 만난 적이 없어요. 북극곰은 북극 근처에 살고, 펭귄은 남극 근처에 살거든요.

남극

우리가 많이 닮았나 봐!

옛날 사람들은 헤엄치는 **듀공**을 보고 인어로 착각했다고 해요. 듀공은 해초를 먹는 통통한 바다 포유류랍니다.

11

깊은 바닷속에 숲이 있다고요?

깊은 바닷속에 커다란 숲처럼 보이는 것이 있어요. 하지만 진짜 숲은 아니지요. 이것은 거대다시마가 모여 있는 거예요. 거대다시마는 태평양에서 발견되었는데, 하루에 50센티미터(cm)까지 자랄 수 있어요.

혹처럼 튀어나온 돌기에는 거대다시마를 물에 뜨게 하는 공기가 들어 있어요.

다시마 숲은 숨어 있기 딱 좋은 곳이야. 다시마 하나가 30미터가 넘을 정도로 길거든.

나는 태평양에 있는 갈라파고스섬에 사는 바다이구아나야.

누가 바다 밑으로 소풍을 가요?

바다이구아나가 바다 밑으로 소풍을 가요! 바다이구아나는 12미터 깊이까지 잠수해서 바다 밑바닥에서 자라는 해초를 뜯어 먹어요.

해달은 다시마를 몸에 칭칭 감아서 물에 떠내려가지 않을 수 있어요.

새끼 물고기는 어디에 숨어 있나요?

새끼 물고기와 새끼 파충류는 위험한 동물들을 피해 바다 식물이나 *맹그로브 나무뿌리 주변의 얕은 물에 숨어 있어요.

*맹그로브: 열대 지역의 해변이나 하구의 축축한 땅에서 자라는 나무.

맹그로브 나무는 얕은 물에 뿌리를 내리고 바닷가에서 자라.

많은 바다 동물이 바다에 떠다니는 플라스틱이나 비닐을 먹이로 착각해서 먹기도 해. 이런 쓰레기는 바다 동물들의 목숨을 위협하지. 그러니까 바다에 쓰레기를 버리지 말아 줘.

거북은 뭘 먹어요?

푸른바다거북은 물속에서 자라는 다양한 바다 식물을 먹어요.

새끼 거북이 위험한 상어를 피해 바다 식물 속에 안전하게 숨어 있어요.

바닷속에서 숨바꼭질을 한다고요?

산호초는 산호가 쌓여 만들어진 지형이에요. 바닷속 많은 동물이 위험한 동물들로부터 몸을 보호하기 위해 이 산호초에 몸을 숨기지요. 마치 숨바꼭질을 하는 것 같아요.

난 해초처럼 생겼지만 '나뭇잎해룡'이라는 물고기야.

난 바다민달팽이야. 화려한 내 모습이 정말 예쁘지? 화려한 색깔을 이용해서 나에게 독이 있다는 걸 다른 동물들에게 알려 줘.

난 긴집게발게야. 위험한 동물들에게 들키지 않으려고 산호 뒤에 숨어 있어.

난 갑오징어야. 눈 깜짝할 사이에 몸 색깔을 바꿀 수 있지.

섬에 가면 어떤 동물을 볼 수 있나요?

섬은 주위가 물로 둘러싸인 땅을 말해요.
섬에는 어떤 동물들이 살고 있는지 살펴보아요.

화산섬은 어떻게 만들어지나요?

① 바다 밑바닥에서 화산이 폭발해요.

② 용암이 만들어져 표면을 뚫고 나와요.

③ 솟구쳐서 나온 물질이 쌓여 화산섬이 만들어져요.

섬에 가면 정말 보물이 있나요?

보물이 있지요! 하지만 영화에서처럼 해적이 숨겨 놓은 보물은 아니에요.
섬에서 찾을 수 있는 보물은 그곳에 사는 소중한 동물들이랍니다.

우리는 새끼 매부리바다거북이야. 어미 매부리바다거북이 알을 낳은 후 바로 바다로 갔기 때문에 우리가 직접 알을 깨고 나와야 해.

이제 우리도 둥지를 떠나 바다로 갈 거야.

나는 거대한 바닷새, 앨버트로스야. 알을 낳을 때가 되면 내가 태어났던 섬으로 돌아와.

흑백목도리 여우원숭이

섬에는 누가 살아요?

섬에는 주로 섬에서만 사는 희귀한 동물들이 많이 있어요. 60종이 넘는 여우원숭이는 인도양에 있는 마다가스카르섬에서만 살지요.

오스트레일리아 근처의 크리스마스섬에는 수백만 마리의 꽃게들이 살고 있어. 우리는 바다에 알을 낳지.

코끼리거북은 인도양에 있는 산호섬에서 볼 수 있어. 우리는 100살이 넘게 살지.

누가 진흙 침대에서 잠을 자나요?

해삼이요! 기다란 원통 모양의 해삼은 바닷속을 떠다니거나 모래 진흙에 묻혀 살아요. 먹이를 먹을 때는 모래 진흙을 입에 넣어 모래 진흙 속 작은 생물을 잡아먹고 모래와 배설물은 몸 밖으로 내보내지요.

나는 긴코돗출상어야.
진흙 속에 숨어 있는
물고기와 게를 잡아먹지.
내 코에는 뾰족한 가시들이
달려 있어.

진흙과 모래로
덮여 있는
바다 밑바닥을
'해저'라고 해.

바닷속을 어떻게 탐험함 음?

사람은 물속에서 숨을 쉴 수 없어요. 하지만 산소통을 메고 스쿠버다이빙을 하거나, 잠수함을 타거나, 카메라가 달린 로봇을 이용해서 깊은 바다를 탐험할 수 있어요.

나는 반짝반짝
빛을 내는
야광원숭해파리야.

20

세 다리로 서 있는 물고기도 있어요?

세발치는 다리처럼 생긴 세 개의 지느러미로 서 있을 수 있어요. 입을 쫙 벌린 채 가만히 서서 먹이가 입안으로 들어오길 기다리지요.

사람들은 멀리에서도 조종할 수 있는 수중 탐사선으로 안전하게 깊은 바닷속을 탐험해요.

깊고 어두운 바닷속에서는 어떻게 빛을 밝혀요?

깊은 바다 밑바닥까지는 햇빛이 닿지 않아요. 그래서 어떤 동물은 스스로 빛을 만들지요.

*심해아귀: 깊은 바다에 사는 물고기.

*시큼해아이 바이퍼피시는 번쩍거리는 불빛으로 물고기를 유혹할 수 있어. 그리고 꿀꺽 삼켜 버리지! 입이 아주 커서 나보다 더 큰 동물도 삼킬 수 있어!

21

파도타기를 좋아하는 동물은 누구예요?

돌고래요! 바람이 불어오면 잔잔한 바닷물이 파도로 변하는데, 돌고래는 이 파도를 타는 걸 좋아해요.

학교에 가는 동물도 있어요?

우리처럼 어린 범고래는 먹이 잡는 방법을 배워야 해. 그래서 마치 학교를 가는 것처럼 얕은 물에서 엄마한테 물고기 떼, 바다표범 등을 잡는 방법을 배워.

도치(심퉁어)

누가 바닷가에서 열심히 사냥하나요?

회색바다표범은 바닷가 근처에서 게부터 바닷새까지 온갖 종류의 동물을 잡아먹어요. 사냥할 때는 70미터 깊이까지 잠수할 수도 있지요.

바다 동물에 대한 엉뚱한 상상!

흰꼬리수리와 함께 하늘 높이
날아올라 볼까요, 아니면 **펭귄**과 함께
파도타기를 해 볼까요?

흰꼬리수리는 물속에 있는 사냥감을 낚아챈 뒤에 날개를 쫙 펴고 하늘을 날아올라.

펭귄은 날개를 이용해서 헤엄도 치고 파도도 뛰어넘어.

큰입후악치의 커다란 입은 알로 가득 차 있어! 알이 *부화할 때까지 입안에서 안전하게 지키는 거야.

*부화: 동물의 알 속에서 새끼가 껍데기를 깨고 밖으로 나옴.

파인애플피시처럼 뾰족한 가시를
갖고 싶나요, 아니면 **큰입후악치**처럼
커다란 입을 갖고 싶나요?

해양 생물학자가 되어서 바다 동물을 연구하고
싶나요, 아니면 **해양 지질학자**가 되어서
신비로운 해저를 탐험하고 싶나요?

물 위를 걸어 다니는 동물은 누구예요?

북극곰이요. 북극곰이 사는 북극 지방은 너무 추워서 바닷물이 꽁꽁 얼어 있거든요. 북극곰은 꽁꽁 얼어 있는 물 위를 걸어 다닐 수 있지요.

나는 바다코끼리야. 나랑 바다표범은 지느러미발로 얼음 위를 빠르게 지나갈 수 있어.

물고기는 어떻게 추위를 견뎌요?

몹시 추운 남극 심해에 사는 물고기가 얼지 않고 살 수 있는 이유는 피 속에 특수한 물질이 있기 때문이에요. 이 물질은 물고기가 추위로부터 어는 것을 방지해 줘요.

그린란드상어는 추운 바닷속에서 힘을 아끼기 위해 천천히 헤엄쳐.

빙산은 왜 떠다녀요?

빙산은 꽁꽁 언 물로 만들어졌어요.
얼음은 물보다 가벼워서, 커다란 얼음덩어리도
바다에 둥둥 떠다니지요.
빙산은 펭귄과 바다표범이
미끄럼을 타고 놀다가
잠시 쉴 수 있는 곳이기도 해요.

바다표범은 어디에 있어요?

물속에 있어!
난 숨을 아주 잘 참거든.
우리 웨들바다표범은 한 시간에 한 번만
고개를 내밀고 숨을 쉬면 돼.

바닷속에서 노래를 부르는 동물이 있다고요?

흰고래야!
배에 탄 사람들도 들을 수 있을 만큼
크고 아름다운 노래를 부르지.

주먹이 센 바다 동물은 누구예요?

나는 사람의 발바닥만 한 작은 크기지만, 두꺼운 유리를 깨부술 수 있을 만큼 힘이 세.

앗, 따가워!

광대사마귀새우는 비슷한 크기의 동물들 중에서 가장 힘이 세요. 방망이 같은 다리로 다른 동물을 세게 때리며 공격하지요.

가장 강한 독을 가진 물고기는?

나야, 인도쏨뱅이! 내 등에는 독을 쏘는 날카로운 가시가 13개나 있어. 이 독은 사람도 죽일 수 있을 만큼 강하지. 독 덕분에 위험한 동물로부터 내 몸을 지킬 수 있어.

해파리에 쏘이면 왜 따가워요?

해파리의 기다란 촉수에는 독이 있거든요.
이 독으로 지나가는 물고기를 공격해서 잡아먹어요.

나는 상자해파리야. 세계에서 가장 위험한 해파리지. 사람을 60명이나 죽일 수 있을 만큼의 강한 독이 있어!

피 냄새를 맡을 수 있는 동물이 있다고요?

상어요! 상어는 아주 먼 곳에서 나는 피 한 방울 냄새도 맡을 수 있을 만큼 후각이 매우 발달했어요.

킁킁!

우리 귀상어는 머리가 신기하게 생겼어. 머리에는 주변의 변화나 먹이를 감지할 수 있는 기관이 발달돼 있어. 그래서 모래 속에 숨어 있는 물고기도 잘 찾아 먹을 수 있지.

해파리의 촉수는 20미터 넘게 자랄 수 있어요!

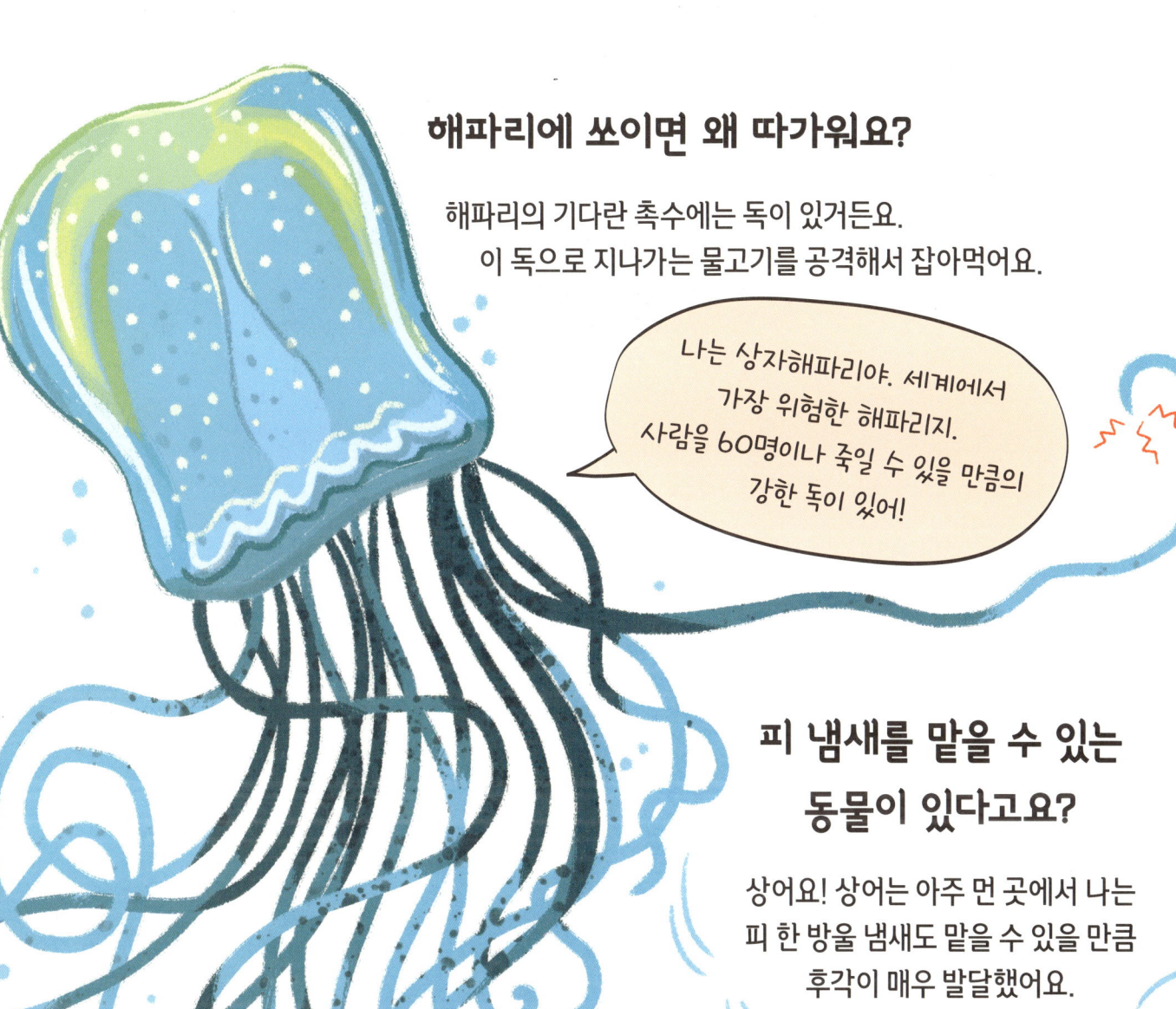

바다에 괴물도 있어요?

바다에는 엄청나게 큰 동물들이 있지만, 괴물은 아니에요. 커다란 게부터 지구에서 가장 큰 동물까지……, 무시무시한 바다 동물들이 깊은 바닷속에 숨어 있지요.

고래는 왜 물을 내뿜어요?

고래의 머리 꼭대기에는 공기나 물이 드나드는 작은 구멍인 '분수공'이 있어요. 고래는 이 분수공을 통해 물을 뿜어내고 공기를 들이마셔야 살 수 있어요.

다리가 가장 긴 게는 누구예요?

키다리게는 다리가 10개 있는데, 다리 하나가 2미터가 넘을 수도 있다고 해요. 이렇게 큰 게는 100살까지 살 수 있지요.

지구에서 가장 큰 동물은 누구예요?

바로 나, 대왕고래야! 나는 '흰긴수염고래'라고도 불려. 몸길이가 25미터까지 자라고, 혀의 무게가 코끼리만큼 무겁지.

아직도 궁금한 몇 가지 질문!

바닷물을 마셔도 되나요?

아니요. 바닷물을 마시면 배가 아플 수도 있어요. 바닷물은 너무 짜고 대부분 더럽기 때문이에요. 오염된 물은 모든 생물에게 좋지 않아요.

헤엄쳐서 바다를 건너갈 수 있나요?

넓고 넓은 바다를 헤엄쳐서 건넌 사람은 아무도 없어요. 하지만 고래, 상어, 거북은 건널 수 있지요!

진환도상어는 왜 꼬리가 길어요?

진환도상어는 엄청나게 긴 꼬리지느러미로 물고기 떼를 때려서 잡아먹거든요.

몸을 꼬고 있는 물고기가 있어요?

먹장어는 온몸이 미끈거리는 점액으로 덮여 있어요. 바다 밑바닥에서 죽은 동물을 먹고 사는데, 죽은 동물을 마음껏 먹을 때 몸을 배배 꼬지요.

문어는 얼마나 똑똑해요?

문어는 병뚜껑을 열어서 안에 든 음식을 먹을 수 있어요. 빨판으로 조개를 잡고 벌릴 수도 있지요.

블롭피시는 왜 그렇게 못생겼어요?

블롭피시는 살이 부들부들해서 바다 위로 올라오면 흐물흐물해져서 못생겨 보여요. 깊은 바닷속에서 열심히 사냥할 때와는 완전히 다른 모습이지요.

난 물속에서 더 예쁘다고!

섬광오징어는 왜 빛이 나요?

푸른 빛을 내는 섬광오징어는 빛처럼 보여서 몸을 숨길 수도 있고, 밝은 빛을 내서 눈에 띌 수도 있어요.

자라면서 눈의 위치가 바뀐다고요?

가자미는 새끼일 때 머리 양쪽에 눈이 하나씩 있다가, 자라면서 한쪽 눈이 다른 쪽으로 이동한다고 해요. 어른이 된 가자미는 눈이 있는 쪽을 위로 해서 바다 밑바닥에 누워서 시간을 보낼 수 있지요.

노를 젓는 물고기도 있나요?

산갈치의 지느러미는 마치 리본처럼 생겨서 배를 나아가게 하는 노처럼 보여요. 산갈치는 뼈가 단단한 경골어 중에서 가장 긴 물고기로, 길이가 11미터나 되기도 해요.

퀴즈로 다시 보는 바다 동물

★ 정답은 38쪽에 있어요!

1. 설명을 읽고 맞으면 O, 틀리면 X 하세요.

① 바닷물은 매우 깨끗해서 많이 마셔도 괜찮다. (　　)

② 해파리의 촉수에는 독이 들어 있다. (　　)

③ 깊은 바닷속에는 물고기가 살지 않는다. (　　)

④ 우주에서도 보이는 커다란 산호초 지역이 있다. (　　)

2. 초성 퀴즈를 맞혀 보세요.

① 뼈대, 아가미, 지느러미를 가지고 있는 동물들을 ㅁ ㄱ ㄱ 라고 불러요. 종류가 엄청 다양하고, 대부분 바다와 같은 물속에 살아요.

(　　)(　　)(　　)

② 사람은 물속에서 숨을 쉴 수 없지만 물고기는 물속에서 숨을 쉴 수 있어요. 물고기는 물속에서 숨을 쉴 수 있게 해 주는 ㅇ ㄱ ㅁ 라는 특별한 기관이 있지요.

(　　)(　　)(　　)

3. 괄호 안에 알맞은 말을 넣어 보세요.

바닷물은 하루 동안 들어왔다 나갔다를 반복해요. 바닷가는 밀물 때 물이 차오르고 (　　　　) 때 물이 빠져나가요.

④ 바다의 환경을 보호하는 행동으로 올바른 것은? (   )

① 바다에 음식 쓰레기를 버려요.
② 바다에 플라스틱 쓰레기를 버리지 않아요.
③ 바다 동물을 마구 잡아요.
④ 바다에 오염된 물을 버려요.

⑤ 무엇에 대한 설명일까요?

이것은 꽁꽁 언 물로 만들어졌어요.
펭귄과 바다표범이 미끄럼을 타고 놀다가
쉬기에도 좋은 곳이지요.

(   )

⑥ 초성 퀴즈를 맞혀 보세요.

나는 심해에 사는
ㅂㅇㅍㅍㅅ야.
번쩍거리는 불빛으로
물고기를 유인하지.

(   )

나는 지구상에서 가장 큰 동물,
ㄷㅇㄱㄹ야.
몸길이가 25미터까지 자라지.

(   )

그려 봐요! 나만의 바다 동물

바닷속에는 작은 물고기부터 커다란 고래까지 다양한 동물들이 살고 있어요. 또 어떤 동물들이 살고 있을까요? 나만의 바다 동물을 상상해서 그려 보세요.

찾아보기

＜ㄱ＞
가오리 31
가자미 33
갈귀해마 6
갑오징어 14
개복치 10
고래상어 7
곰치 15
광대사마귀새우 28
귀상어 29
그레이트 배리어 리프 15, 19
그린란드상어 26
긴끈벌레 18
긴집게발게 14
긴코톱상어 20
꽃게 17, 19

＜ㄴ＞
나뭇잎해룡 14

＜ㄷ＞
대왕고래 25, 30
대왕쥐가오리 31
듀공 11

＜ㅁ＞
매부리바다거북 16
먹장어 32
문어 10, 25, 31, 32
물고기 8
밀물 22

＜ㅂ＞
바다 6
바다민달팽이 14
바다악어 18
바다오리 22
바다이구아나 12
바다코끼리 26
바다표범 26
바이퍼피시 21
백상아리 11
범고래 23
복어 18
북극곰 26
불가사리 19
블롭피시 33
빨간씬벵이 10
빨강해변말미잘 22

＜ㅅ＞
산갈치 33
산호그루퍼 15
산호초 14
상어 18, 29
상자해파리 29
섬광오징어 33
세발치 21
썰물 22

＜ㅇ＞
앨버트로스 17
야광원양해파리 20
인도쏨뱅이 28
일각고래 19

＜ㅈ＞
전기가오리 10
쥐치복 8
진환도상어 32

＜ㅊ＞
청어 8, 19

＜ㅋ＞
코끼리거북 17
큰입후악치 24
키다리게 30

＜ㅌ＞
턱수염바다물범 7

＜ㅍ＞
푸른바다거북 13

＜ㅎ＞
해달 13
해삼 20
해초 10
향유고래 10
황소상어 9
회색바다표범 23
흑백목도리 여우원숭이 17
흰고래 27
흰꼬리수리 24
흰동가리 9

교과 연계표

학년	연계 교과	내용
3~5세	누리과정	자연탐구
초등 3학년	과학	동물의 한살이
		동물의 생활

퀴즈 정답

퀴즈로 다시 보는 바다 동물

★ 정답은 38쪽에 있어요!

① 설명을 읽고 맞으면 O, 틀리면 X 하세요.
   ① 바닷물은 매우 깨끗해서 많이 마셔도 괜찮다. (X)
   ② 해파리의 촉수에는 독이 들어 있다. (O)
   ③ 깊은 바닷속에는 물고기가 살지 않는다. (X)
   ④ 우주에서도 보이는 커다란 산호초 지역이 있다. (O)

② 초성 퀴즈를 맞혀 보세요.
   ① 뼈대, 아가미, 지느러미를 가지고 있는 동물들을 ㅁㄱㄱ 라고 불러요. 종류가 엄청 다양하고, 대부분 바다와 같은 물속에 살아요.
   (물)(고)(기)

   ② 사람은 물속에서 숨을 쉴 수 없지만 물고기는 물속에서 숨을 쉴 수 있어요. 물고기는 물속에서 숨을 쉴 수 있게 해 주는 ㅇㄱㅁ 라는 특별한 기관이 있지요.
   (아)(가)(미)

③ 괄호 안에 알맞은 말을 넣어 보세요.
   바닷물은 하루 동안 들어왔다 나갔다를 반복해요. 바닷가는 밀물 때 물이 차오르고 (썰물) 때 물이 빠져나가요.

④ 바다의 환경을 보호하는 행동으로 올바른 것은? (②)
   ① 바다에 음식 쓰레기를 버려요.
   ② 바다에 플라스틱 쓰레기를 버리지 않아요.
   ③ 바다 동물을 마구 잡아요.
   ④ 바다에 오염된 물을 버려요.

⑤ 무엇에 대한 설명일까요?
   이것은 꽁꽁 언 물로 만들어졌어요. 펭귄과 바다표범이 미끄럼을 타고 놀다가 쉬기에도 좋은 곳이지요.
   (빙산)

⑥ 초성 퀴즈를 맞혀 보세요.
   나는 심해에 사는 ㅂㅇㅍㅍㅅ야. 번쩍거리는 불빛으로 물고기를 유인하지.
   (바이퍼피시)

   나는 지구상에서 가장 큰 동물, ㄷㅇㄱㄹ야. 몸길이가 25미터까지 자라지.
   (대왕고래)